Impressum
Verlag: BABADADA GmbH, Nedderfeld 112 , 22529 Hamburg
Geschäftsführer / Verlagsleitung: Harald Hof
Druck: Books on Demand GmbH, In de Tarpen 42, 22848 Norderstedt

Imprint
Publisher: BABADADA GmbH, Nedderfeld 112 , 22529 Hamburg, Germany
Managing Director / Publishing direction: Harald Hof
Print: Books on Demand GmbH, In de Tarpen 42, 22848 Norderstedt, Germany

学校

skola

教室
klassrum

割り算
dividera

186/2

黒板
tavla

校庭
skolgård

教師
lärare

紙
papper

書く
skriva

ペン
penna

事務机
skrivbord

定規
linjal

本
bok

生徒
elev

ランドセル

skolväska

筆入れ

pennfodral

鉛筆

blyertspenna

鉛筆削り

pennvässare

消しゴム

suddgummi

スケッチブック

ritblock

スケッチ

teckning

絵筆

pensel

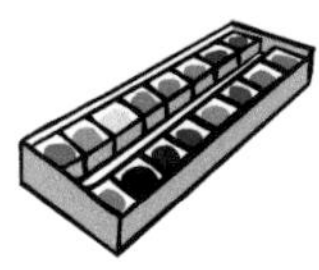

絵の具箱

målarlåda

はさみ

sax

接着剤

lim

練習帳

övningsbok

宿題

hemläxa

数

tal

足し算

addera

引き算

subtrahera

かけ算

multiplicera

計算する

räkna

文字

bokstav

アルファベット

alfabet

単語

ord

テキスト

text

読む

läsa

チョーク

krita

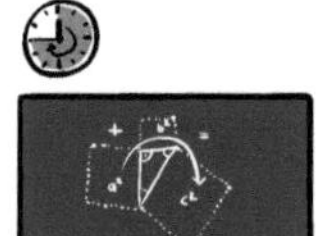

授業

lektion

学級日誌

register

試験

prov

通知表

intyg

制服

skoluniform

教育

utbildning

百科事典

uppslagsverk

大学

universitet

顕微鏡

mikroskop

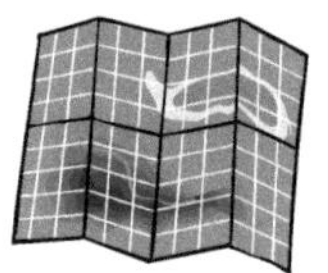

地図

karta

ごみ箱

papperskorg

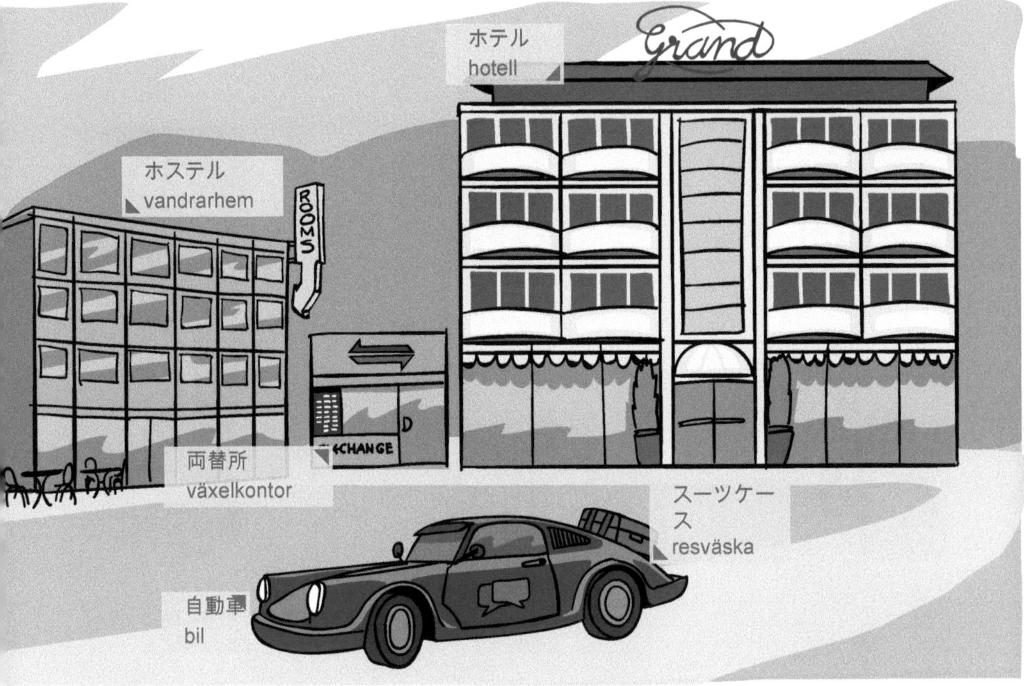

旅行

resa

ホテル
hotell

ホステル
vandrarhem

両替所
växelkontor

スーツケース
resväska

自動車
bil

言語

språk

はい / いいえ

ja / nej

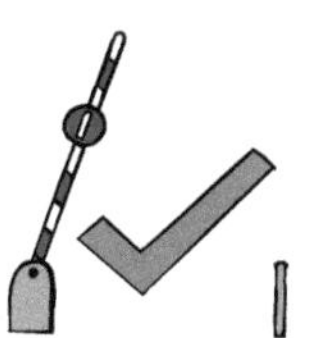

問題ない

Okay

ハロー

hej

翻訳者

översättare

ありがとう

Tack

…はいくらですか？

hur mycket kostar…?

わかりません

jag förstår inte

問題

problem

こんばんは！

God kväll!

おはようございます！

God morgon!

おやすみなさい！

God natt!

さようなら

hejdå

方向

riktning

手荷物

bagage

バッグ

väska

リュックサック

ryggsäck

お客様

gäst

部屋

rum

寝袋

sovsäck

テント

tält

旅行者情報

turistinformation

ビーチ

strand

クレジットカード

kreditkort

朝食

frukost

昼食

lunch

夕食

middag

チケット

biljett

エレベーター

hiss

スタンプ

frimärke

境界

gräns

税関

tull

大使館

ambassad

ビザ

visum

パスポート

pass

輸送

transport

船
fartyg

飛行機
flygplan

消防車
brandbil

トラック
lastbil

バス
buss

モーターボート
motorbåt

自動車
bil

自転車
cykel

フェリー

färja

ボート

båt

バイク

motorcykel

パトカー

polisbil

レーシングカー

racerbil

レンタカー

hyrbil

カーシェアリング

bilpool

レッカー車

bärgningsbil

ごみ収集車

sopbil

モーター

motor

燃料

bränsle

ガソリンスタンド

bensinstation

交通標識

vägmärke

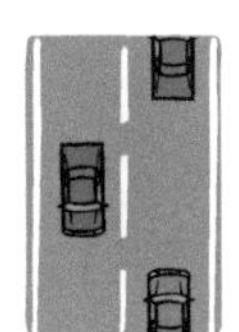

交通

trafik

渋滞

bilkö

駐車場

parkeringsplats

駅

tågstation

道

räls

列車

tåg

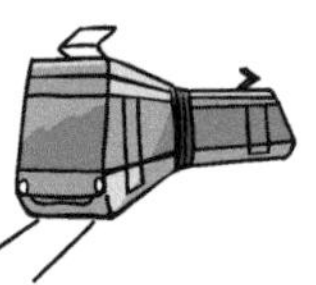

路面電車

spårvagn

車両

vagn

ヘリコプター

helikopter

空港

flygplats

タワー

torn

乗客

passagerare

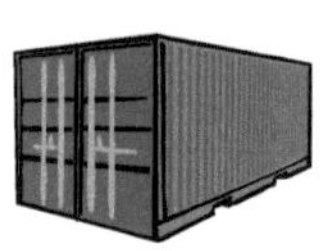

コンテナ

container

段ボール箱

kartong

カート

vagn

カゴ

korg

離陸 / 着陸

starta / landa

都市

stad

村

by

都心

centrum

家

hus

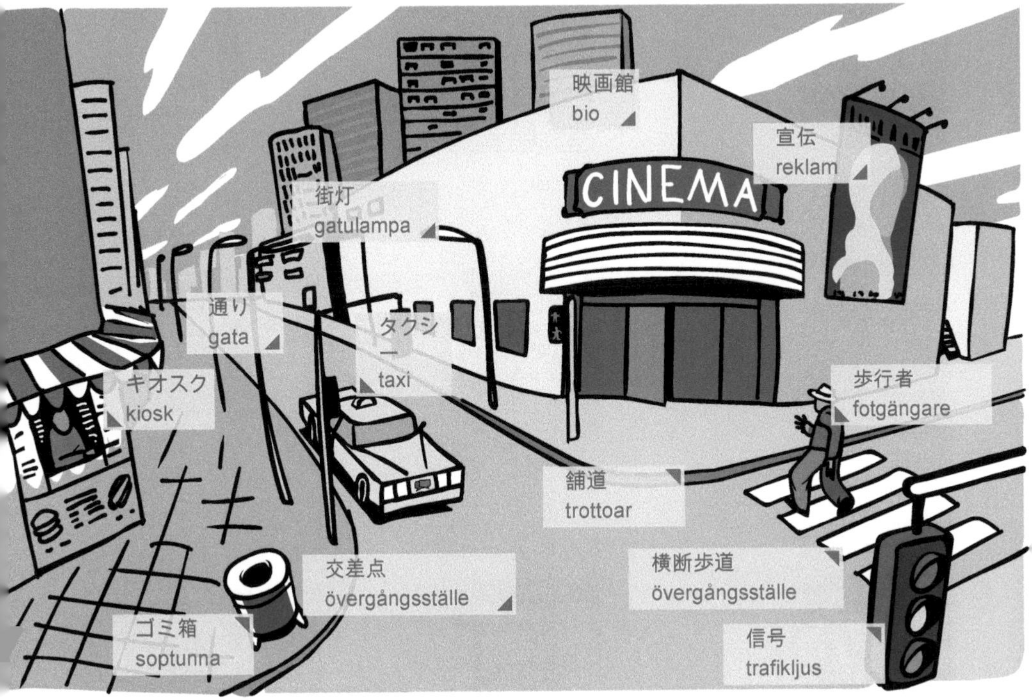

映画館
bio
CINEMA
宣伝
reklam
街灯
gatulampa
通り
gata
タクシ
ー
taxi
キオスク
kiosk
歩行者
fotgängare
舗道
trottoar
横断歩道
övergångsställe
交差点
övergångsställe
ゴミ箱
soptunna
信号
trafikljus

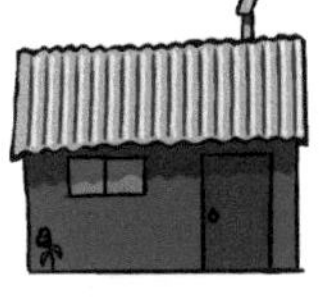

小屋

stuga

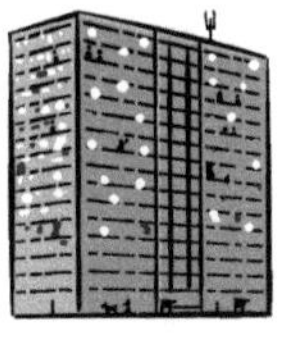

アパート

lägenhet

駅

tågstation

市役所

stadshus

MUSEUM

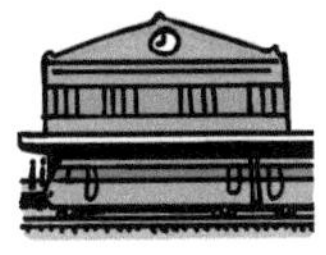

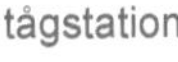

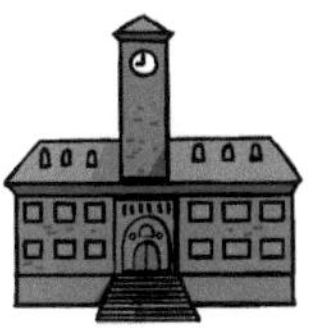

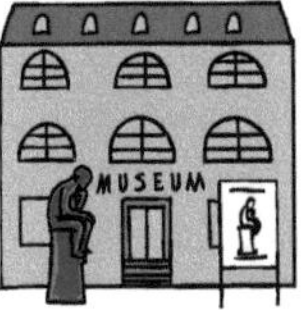

美術館

museum

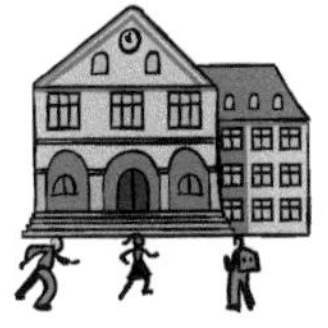

学校

skola

大学

universitet

銀行

bank

病院

sjukhus

ホテル

hotell

薬局

apotek

オフィス

kontor

書店

bokhandel

ショップ

affär

花屋

blomsterbutik

スーパーマーケット

stormarknad

市場

marknad

デパート

varuhus

魚屋

fiskhandlare

ショッピングセンター

köpcentrum

港

hamn

公園

park

ベンチ

bänk

橋

brygga

階段

trappa

地下鉄

tunnelbana

トンネル

tunnel

バス停

busshållplats

バー

bar

レストラン

restaurang

ポスト

brevlåda

道路標識

gatuskylt

パーキングメーター

parkeringsautomat

動物園

zoo

スイミングプール

simbassäng

モスク

moské

農場

bondgård

汚染

förorening

墓地

kyrkogård

教会

kyrka

遊び場

lekplats

寺

tempel

風景

landskap

葉
löv

道標
vägskylt

道
väg

草地
äng

石
sten

ハイカー
liftare

木
träd

川
flod

草
gräs

花
blomma

谷

dal

山

kulle

湖

sjö

森

skog

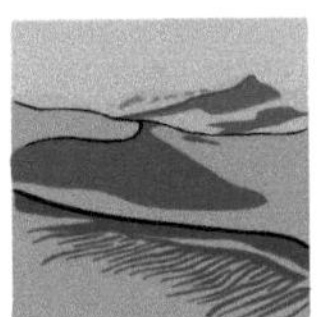

砂漠

öken

火山

vulkan

城

slott

虹

regnbåge

キノコ

svamp

ヤシの木

palm

蚊

mygga

ハエ

fluga

蟻

myra

ミツバチ

bi

クモ

spindel

カブトムシ

skalbagge

蛙

groda

リス

ekorre

ハリネズミ

igelkott

ウサギ

hare

フクロウ

uggla

鳥

fågel

白鳥

svan

雄豚

vildsvin

鹿

rådjur

ヘラジカ

älg

ダム

damm

風力タービン

vindkraftverk

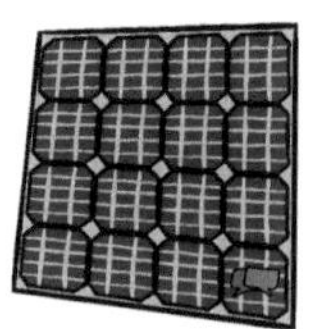

ソーラーパネル

solcellspanel

気候

klimat

レストラン

restaurang

ウェイター
servitör

メニュー
meny

椅子
stol

スープ
soppa

ピザ
pizza

刃物類
bestick

テーブルクロス
bordsduk

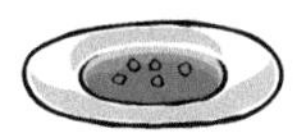

前菜
förrätt

メインコース
huvudrätt

デザート
dessert

飲み物
drycker

食べ物
mat

ボトル
flaska

ファストフード

snabbmat

屋台の食べ物

street food

ティーポット

tekanna

砂糖入れ

sockerskål

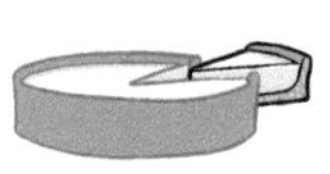

一人前

portion

エスプレッソマシン

espressomaskin

幼児用食事椅子

barnstol

請求書

räkning

トレー

bricka

ナイフ

kniv

フォーク

gaffel

スプーン

sked

ティースプーン

tesked

ナプキン

servett

グラス

glas

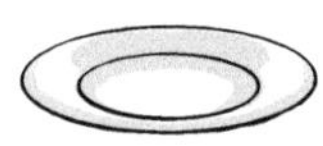

皿

tallrik

スープ皿

sopptallrik

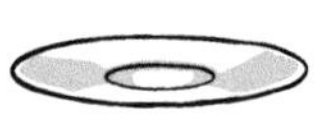

受け皿

tefat

ソース

sås

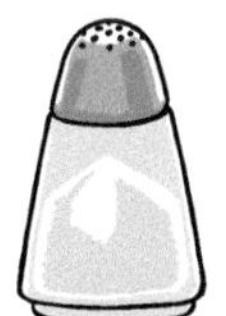

塩入れ

saltkar

ペッパーミル

pepparkvarn

酢

vinäger

油

olja

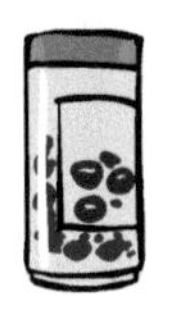

スパイス

kryddor

ケチャップ

ketchup

マスタード

senap

マヨネーズ

majonnäs

スーパーマーケット

stormarknad

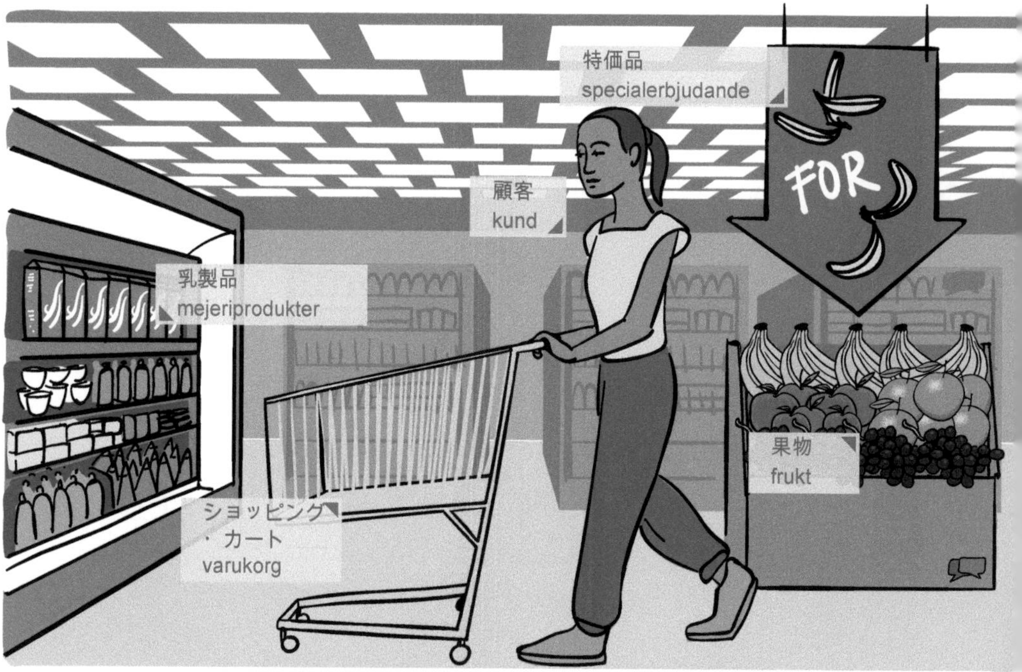

特価品
specialerbjudande
FOR
顧客
kund
乳製品
mejeriprodukter
果物
frukt
ショッピング
・カート
varukorg

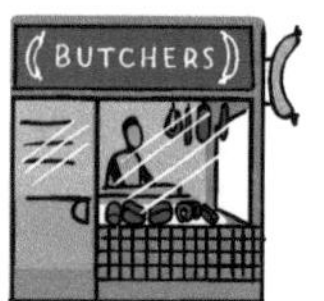

BUTCHERS

肉屋

charkuteri

BAKERY

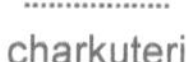

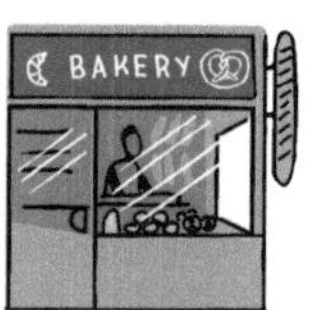

パン屋

bageri

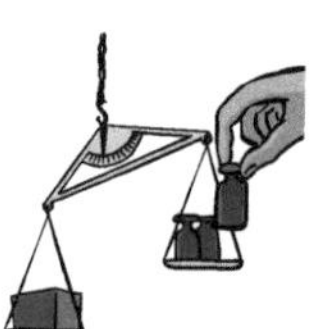

重さをはかる

väga

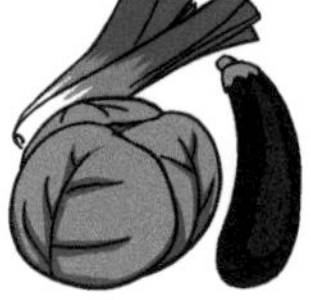

野菜

grönsaker

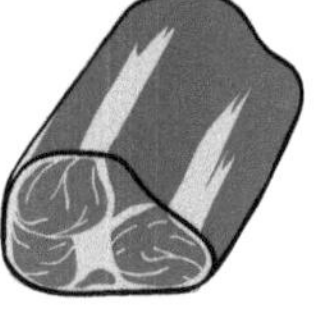

肉

kött

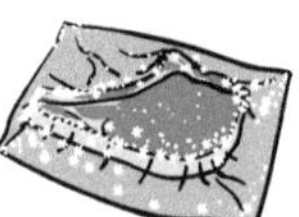

冷凍食品

frysta livsmedel

冷肉の薄切り

pålägg

缶詰食品

konserver

洗剤

tvättmedel

菓子

godis

家庭用品

hushållsprodukter

清掃用品

rengöringsmedel

販売員

försäljare

現金箱

kassa

レジ係

kassör

買い物リスト

inköpslista

開館時刻

öppettider

財布

plånbok

クレジットカード

kreditkort

バッグ

väska

ポリ袋

plastpåse

飲み物

drycker

水

vatten

ジュース

juice

牛乳

mjölk

コーラ

cola

ワイン

vin

ビール

öl

アルコール

alkohol

ココア

kakao

紅茶

te

コーヒー

kaffe

エスプレッソ

espresso

カプチーノ

cappuccino

食べ物
mat

バナナ

banan

リンゴ

äpple

オレンジ

apelsin

メロン

melon

レモン

citron

ニンジン

morot

ニンニク

vitlök

竹

bambu

玉ねぎ

lök

キノコ

svamp

ナッツ

nötter

ヌードル

nudlar

スパゲッティ

spaghetti

米

ris

サラダ

sallad

フライドポテト

pommes frites

フライドポテト

stekt potatis

ピザ

pizza

ハンバーガー

hamburgare

サンドウィッチ

smörgås

カツレツ

schnitzel

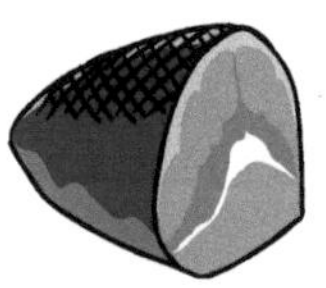

ハム

skinka

サラミ

salami

ソーセージ

korv

鶏肉

kyckling

焼き

stek

魚

fisk

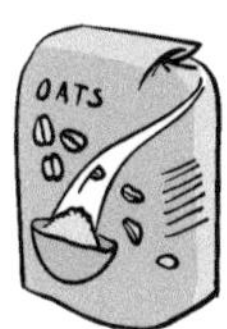

麦のお粥

havregryn

ムーズリ

müsli

コーンフレーク

cornflakes

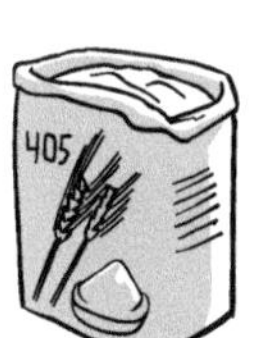

小麦粉

mjöl

クロワッサン

croissant

ロールパン

fralla

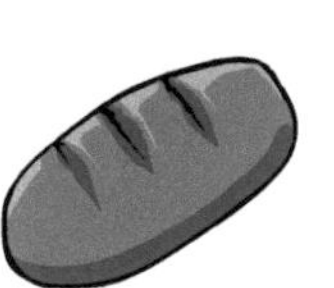

パン

bröd

トースト

rostat bröd

ビスケット

kex

バター

smör

カッテージチーズ

kvarg

ケーキ

kaka

卵

ägg

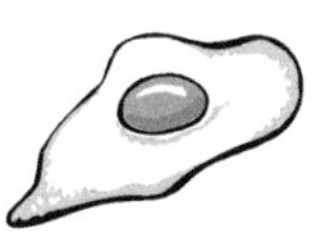

目玉焼き

stekt ägg

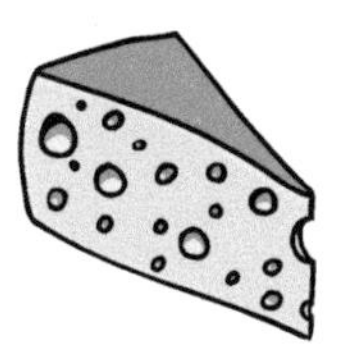

チーズ

ost

アイスクリーム

glass

砂糖

socker

はちみつ

honung

ジャム

sylt

ヌガークリーム

nougatkräm

カレー

curry

農場

bondgård

農家
lantgård

納屋
ladugård

ストローベール
halmbal

畑
fält

馬
häst

トレーラー
trailer

子馬
föl

トラクター
traktor

ロバ
åsna

羊
får

子羊
lamm

ヤギ

get

雌牛

ko

子牛

kalv

豚

gris

子豚

griskulting

雄牛

tjur

ガチョウ

gås

アヒル

anka

ひよこ

kyckling

にわとり

höna

おんどり

tupp

ネズミ

råtta

猫

katt

ねずみ

mus

雄牛

oxe

犬

hund

犬小屋

hundkoja

散水ホース

trädgårdsslang

じょうろ

vattenkanna

大鎌

lie

すき

plog

草刈り鎌

skära

くわ

hacka

堆肥用フォーク

högaffel

斧

yxa

手押し車

skottkärra

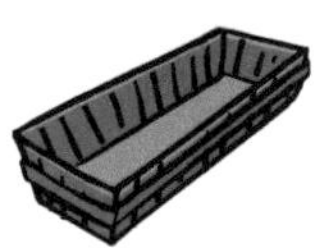

かいばおけ

tråg

牛乳缶

mjölkflaska

袋

säck

フェンス

staket

畜舎

stall

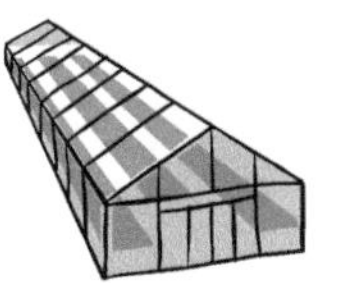

温室

växthus

土壌

jord

種

säd

肥料

gödsel

コンバイン

skördetröska

収穫する

skörda

収穫

skörd

ヤマイモ

jams

小麦

vete

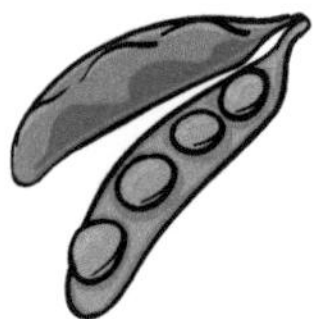

大豆

soja

じゃがいも

potatis

トウモロコシ

majs

菜種

raps

果樹

fruktträd

キャッサバ

maniok

穀物

spannmål

家
hus

煙突
skorsten

屋根
tak

排水管
stuprör

窓
fönster

車庫
garage

呼び鈴
dörrklocka

ドア
dörr

ゴミ箱
soptunna

郵便受け
brevlåda

庭
trädgård

リビングルーム
vardagsrum

浴室

badrum

台所
kök

寝室
sovrum

子供部屋
barnrum

ダイニング・ルーム
matsal

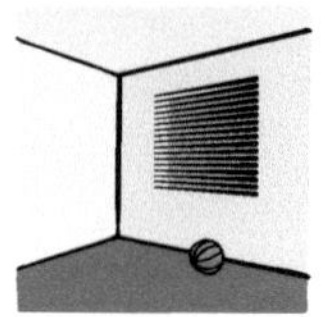

床

golv

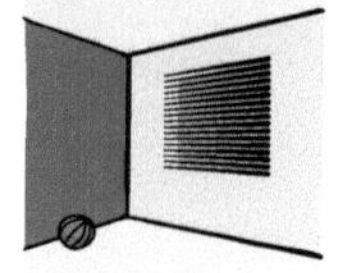

壁

vägg

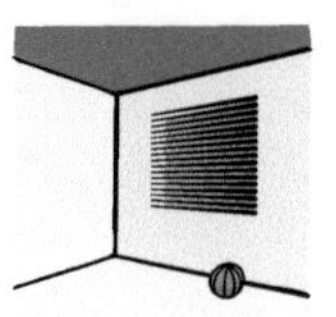

天井

tak

地下貯蔵庫

källare

サウナ

bastu

バルコニー

balkong

テラス

terrass

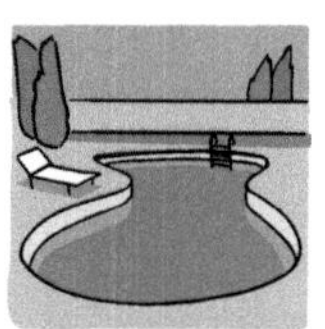

プール

bassäng

芝刈り機

gräsklippare

シーツ

lakan

ベッドカバー

överkast

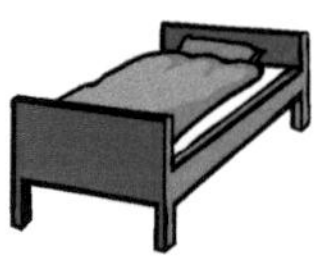

ベッド

säng

ほうき

kvast

バケツ

hink

スイッチ

strömbrytare

リビングルーム

vardagsrum

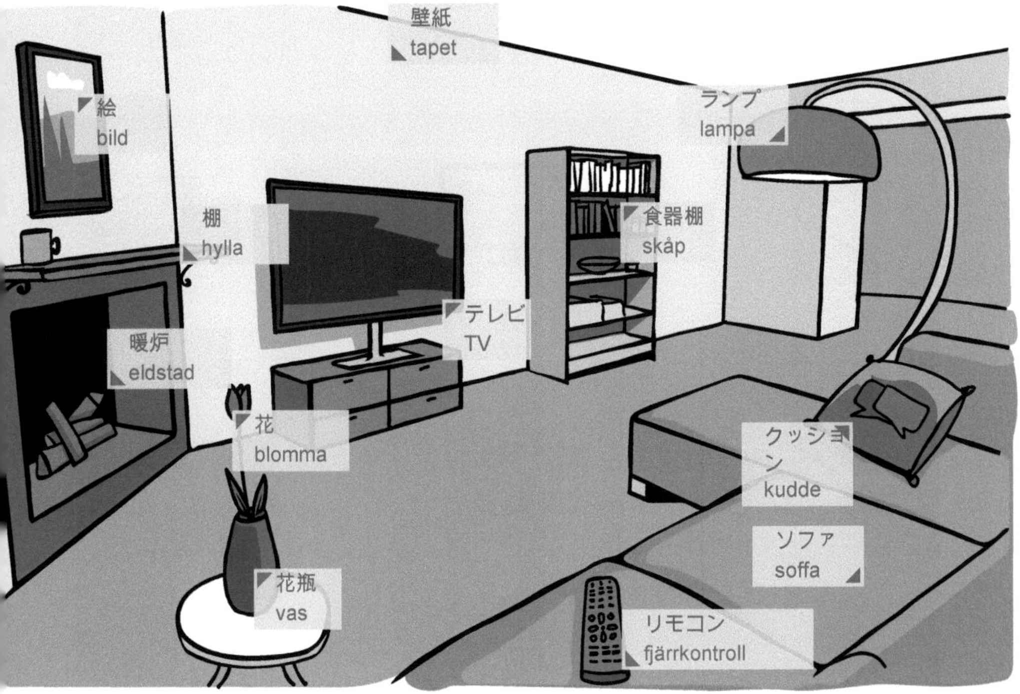

壁紙
tapet

絵
bild

ランプ
lampa

棚
hylla

食器棚
skåp

テレビ
TV

暖炉
eldstad

花
blomma

クッション
kudde

ソファ
soffa

花瓶
vas

リモコン
fjärrkontroll

カーペット

matta

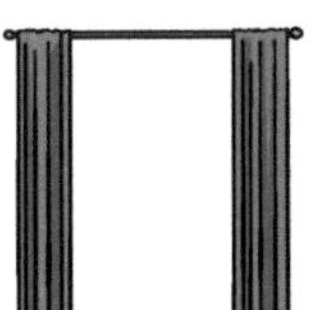

カーテン

gardin

テーブル

bord

椅子

stol

ロッキングチェア

gungstol

ひじ掛け椅子

fåtölj

本

bok

毛布

filt

飾り

dekoration

たきぎ

vedträ

映画

film

ステレオ

stereoanläggning

鍵

nyckel

新聞

dagstidning

絵画

målning

ポスター

poster

ラジオ

radio

メモ帳

anteckningsbok

掃除機

dammsugare

サボテン

kaktus

ろうそく

stearinljus

冷蔵庫
kylskåp

電子レンジ
mikrovågsugn

調理用はかり
köksvåg

トースター
brödrost

洗剤
rengöringsmedel

オーブン
ugn

冷凍室
frys

ゴミ箱
soptunna

食器洗い機
diskmaskin

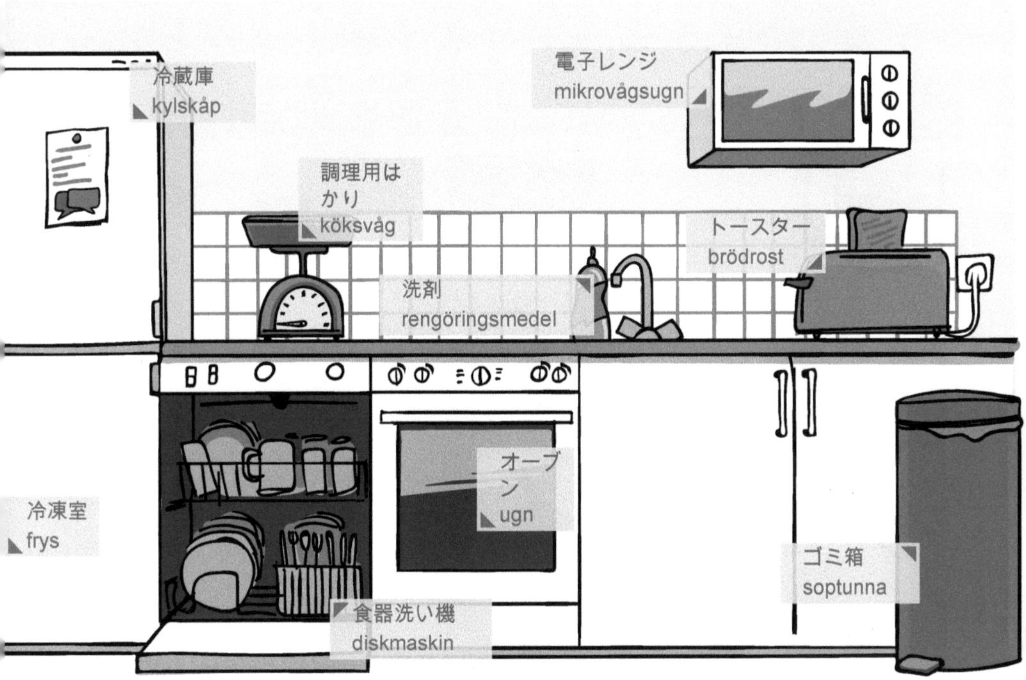

こんろ
spis

鍋
kastrull

鉄鍋
järngryta

中華鍋/ カダイ鍋
wok / kadai

フライパン
stekpanna

やかん
vattenkokare

蒸し器

ångkokare

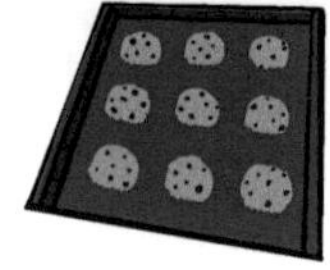

天板

bakplåt

食器

porslin

マグカップ

mugg

ボウル

skål

箸

ätpinnar

おたま

soppslev

へら

stekspade

泡立て器

visp

こし器

durkslag

ふるい

sil

すりおろし器

rivjärn

すり鉢

mortel

バーベキュー

grill

かまど

brasa

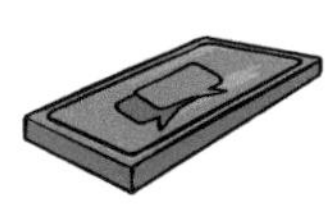

まな板

skärbräda

麺棒

kavel

栓抜き

korkskruv

缶

burk

缶切り

burköppnare

鍋つかみ

grytlapp

流し

vask

ブラシ

borste

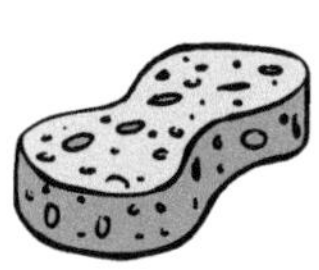

スポンジ

svamp

ミキサー

mixer

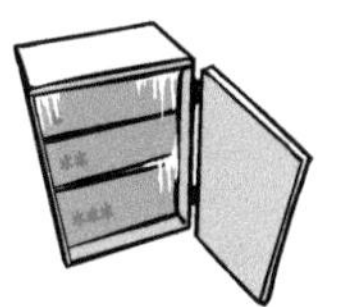

冷凍庫

frys

哺乳瓶

nappflaska

蛇口

kran

浴室

badrum

ヒーター
värme

タオル
handduk

シャワー
dusch

シャワーカーテン
duschdraperi

泡風呂
bubbelbad

浴槽
badkar

グラス
glas

洗濯機
tvättmaskin

蛇口
kran

タイル
kakel

おまる
potta

流し
vask

トイレ

toalett

和式トイレ

låg toalett

ビデ

bidet

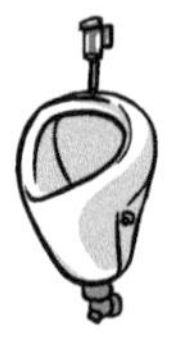

小便器

pissoar

トイレットペーパー

toalettpapper

トイレブラシ

toalettborste

歯ブラシ

tandborste

歯みがき

tandkräm

デンタルフロス

tandtråd

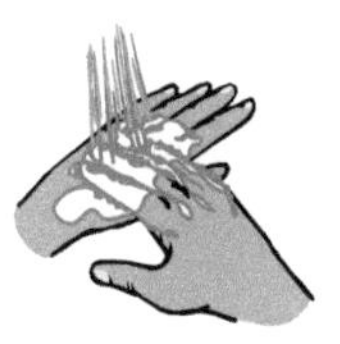

洗う

tvätta

シャワーヘッド

handdusch

ハンドビデ

intimdusch

洗面台

handfat

ボディブラシ

ryggborste

石鹸

tvål

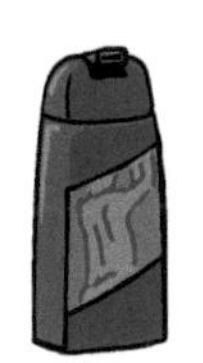

シャワー用ジェル

duschgel

シャンプー

schampo

浴用タオル

trasa

排水口

avlopp

クリーム

crème

消臭

deodorant

鏡

spegel

手鏡

handspegel

かみそり

rakhyvel

シェービング· フォーム

raklödder

アフターシェーブローション

rakvatten

櫛

kam

ブラシ

borste

ドライヤー

hårtork

ヘアスプレー

hårspray

化粧

smink

口紅

läppstift

マニキュア

nagellack

脱脂綿

bomullsvadd

爪切り

nagelsax

香水

parfym

洗面用具入れ

necessär

スツール

pall

体重計

våg

バスローブ

badrock

ゴム手袋

gummihandskar

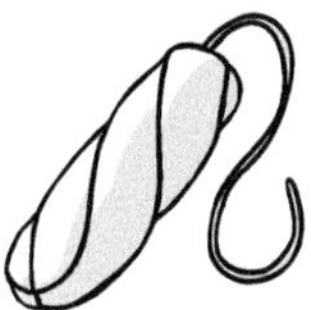

タンポン

tampong

生理用ナプキン

binda

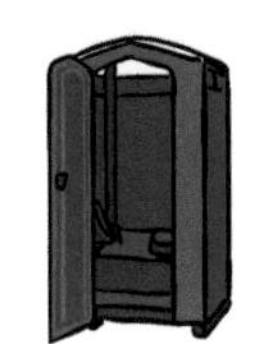

ケミカルトイレ

kemisk toalett

子供部屋

barnrum

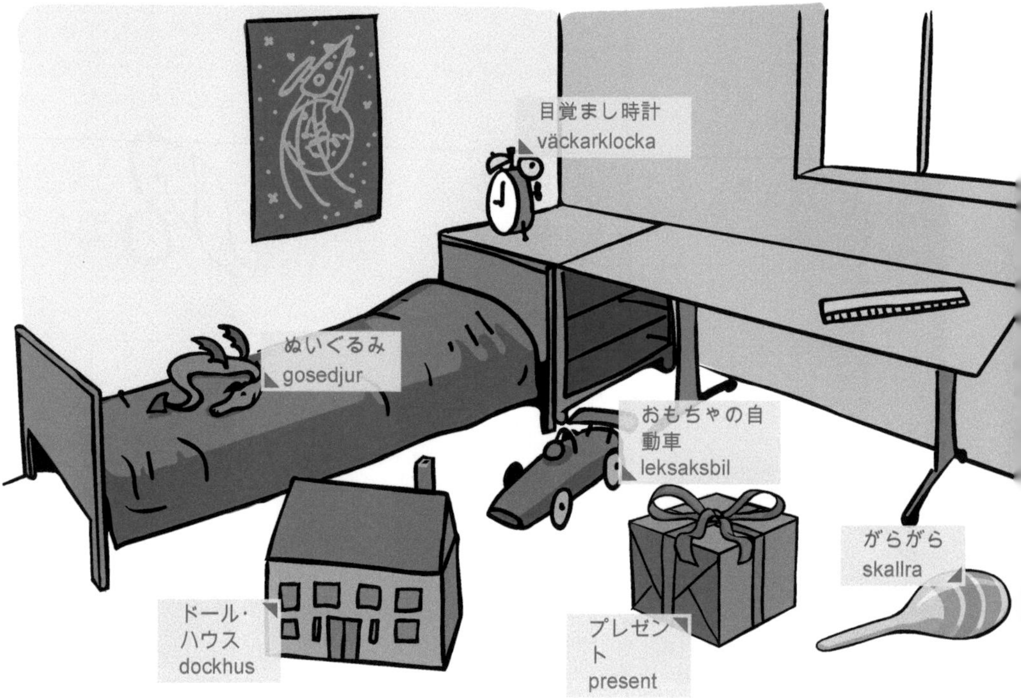

目覚まし時計
väckarklocka

ぬいぐるみ
gosedjur

おもちゃの自動車
leksaksbil

がらがら
skallra

ドール・ハウス
dockhus

プレゼント
present

風船
ballong

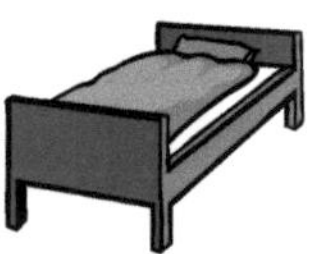

ベッド
säng

ベビーカー
barnvagn

カードゲーム
kortlek

ジグソーパズル
pussel

漫画
serietidning

レゴ

legobitar

玩具ブロック

klossar

アクションフィギュア

actionfigur

ロンパース

sparkdräkt

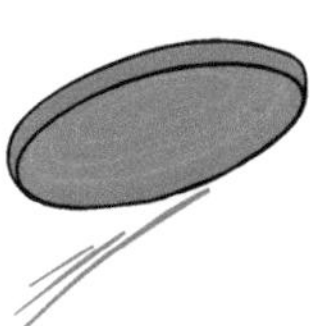

フリスビー

frisbee

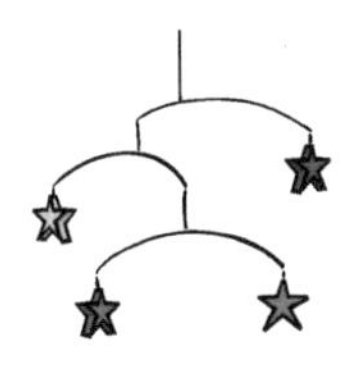

モバイル

mobil

ボードゲーム

brädspel

さいころ

tärning

鉄道模型

modelljärnväg

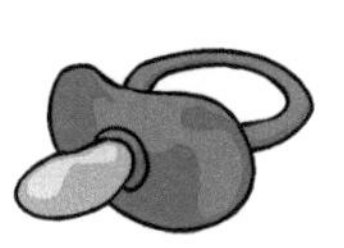

おしゃぶり

napp

パーティー

party

絵本

bilderbok

ボール

boll

人形

docka

遊ぶ

spela

砂場

sandlåda

ブランコ

gunga

おもちゃ

leksaker

ゲーム機

spelkonsol

三輪車

trehjuling

テディベア

nalle

衣装ダンス

garderob

衣服

kläder

靴下

sockar

ストッキング

strumpor

タイツ

tights

スカーフ
halsduk
雨傘
paraply
Tシャツ
t-shirt
ベルト
bälte
スニーカー
sneakers
ブーツ
stövlar
スリッパ
tofflor
サンダル
sandaler
靴
skor
ゴム長靴
gummistövlar
パンツ
underbyxor
ブラ
BH
ベスト
linne

ボディースーツ
body

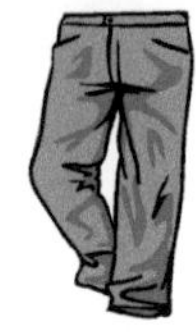
ズボン
byxor

ジーンズ
jeans

スカート
kjol

ブラウス
blus

シャツ
skjorta

セーター
pullover

パーカー
sweater

ブレザー
blazer

ジャケット
jacka

コート
kappa

レインコート
regnjacka

服装
dräkt

ドレス
klänning

ウェディングドレス
bröllopsklänning

スーツ

kostym

ナイトガウン

nattlinne

パジャマ

pyjamas

サリー

sari

ヘッドスカーフ

slöja

ターバン

turban

ブルカ

burka

カフタン

kaftan

アバヤ

abaya

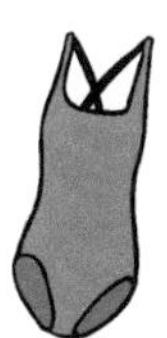

水着

baddräkt

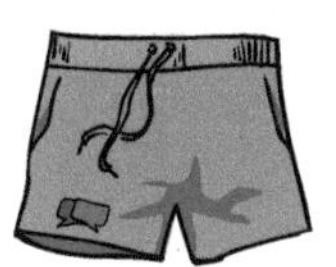

トランクス

badbyxor

半ズボン

shorts

スウェットスーツ

träningsoverall

エプロン

förkläde

手袋

handskar

ボタン

knapp

メガネ

glasögon

ブレスレット

armband

ネックレス

halsband

指輪

ring

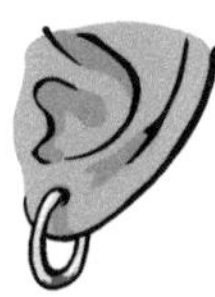

イヤリング

örhänge

帽子

mössa

ハンガー

galge

帽子

hatt

ネクタイ

slips

ファスナー

dragkedja

ヘルメット

hjälm

サスペンダー

hängslen

制服

skoluniform

ユニフォーム

uniform

よだれかけ

haklapp

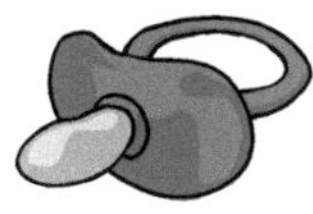

おしゃぶり

napp

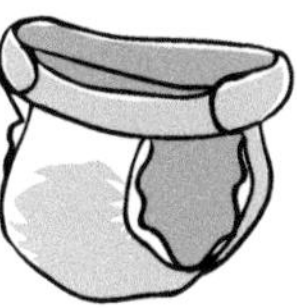

おむつ

blöja

オフィス

kontor

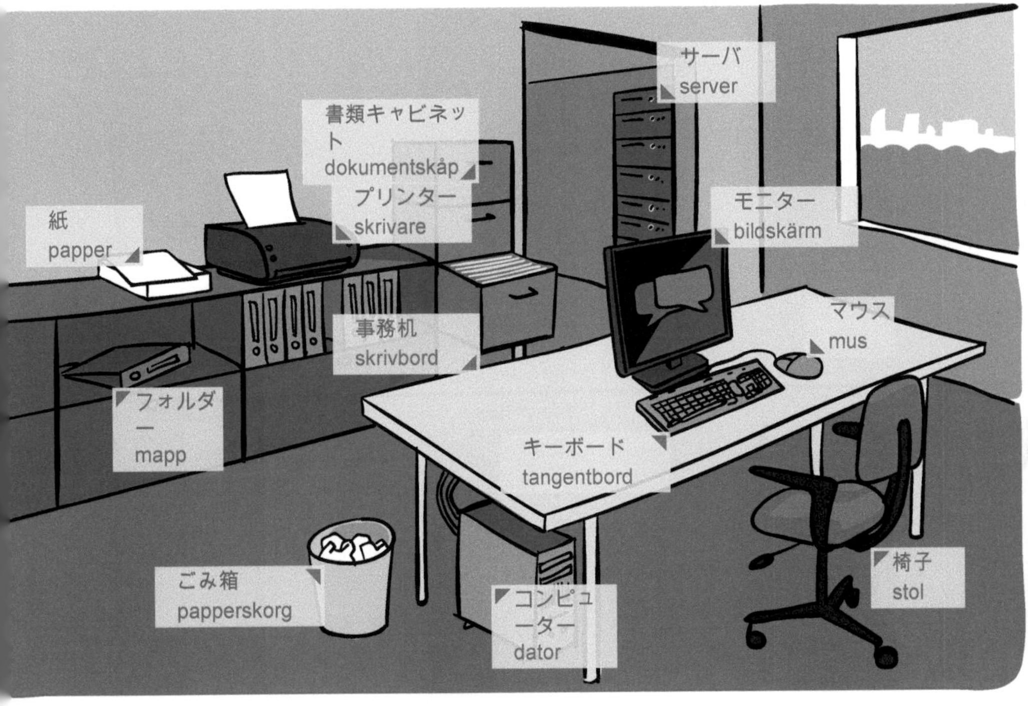

サーバ
server

書類キャビネット
dokumentskåp

プリンター
skrivare

紙
papper

モニター
bildskärm

マウス
mus

事務机
skrivbord

フォルダー
mapp

キーボード
tangentbord

椅子
stol

ごみ箱
papperskorg

コンピューター
dator

コーヒーマグ

kaffemugg

計算機

miniräknare

インターネット

internet

ラップトップ

bärbar dator

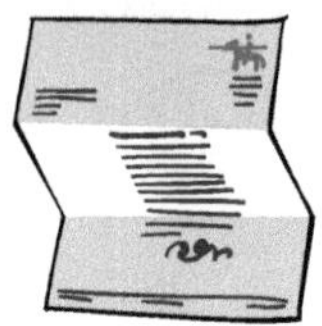

手紙

brev

メッセージ

meddelande

携帯電話

mobiltelefon

ネットワーク

nätverk

コピー機

kopieringsapparat

ソフトウェア

programvara

電話

telefon

コンセント

vägguttag

ファックス

fax

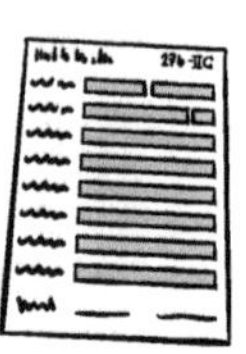

フォーム

blankett

書類

dokument

経済
ekonomi

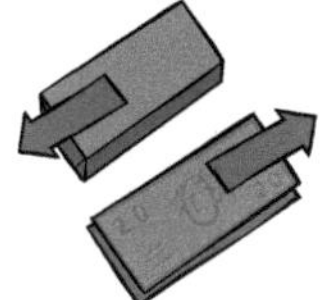
買う
köpa

支払う
betala

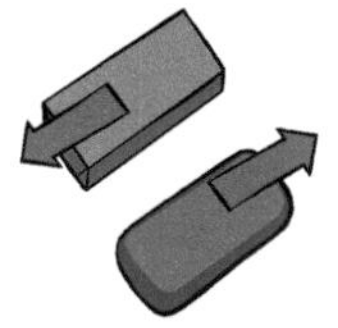
取引する
handla

お金
pengar

ドル
dollar

ユーロ
euro

円
yen

ルーブル
rubel

スイスフラン
schweizisk franc

人民元
renminbi yan

ルピー
rupie

キャッシュポイント
bankomat

両替所

växelkontor

金

guld

銀

silver

油

olja

エネルギー

energi

価格

pris

契約

kontrakt

税金

skatt

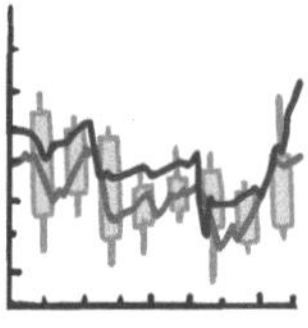

株

aktie

働く

arbeta

従業員

anställd

雇用主

arbetsgivare

工場

fabrik

ショップ

affär

職業

yrken

警察官
polis

消防士
brandman

パイロット
pilot

医師
läkare

コック
kock

庭師

trädgårdsmästare

大工

snickare

お針子

sömmerska

裁判官

domare

化学者

kemist

俳優

skådespelare

バスの運転手

busschaufför

タクシー運転手

taxichaufför

漁師

fiskare

掃除婦

städerska

屋根ふき職人

takläggare

ウェイター

servitör

ハンター

jägare

塗装工

målare

パン屋

bagare

電気工

elektriker

建設作業員

byggarbetare

エンジニア

ingenjör

肉屋

slaktare

配管工

rörmokare

郵便配達人

brevbärare

軍人

soldat

建築家

arkitekt

レジ係

kassör

花屋

florist

美容師

frisör

車掌

konduktör

機械工

mekaniker

キャプテン

kapten

歯科医

tandläkare

科学者

vetenskapsman

ラビ

rabbin

イスラム導師

imam

修道士

munk

牧師

präst

道具
verktyg

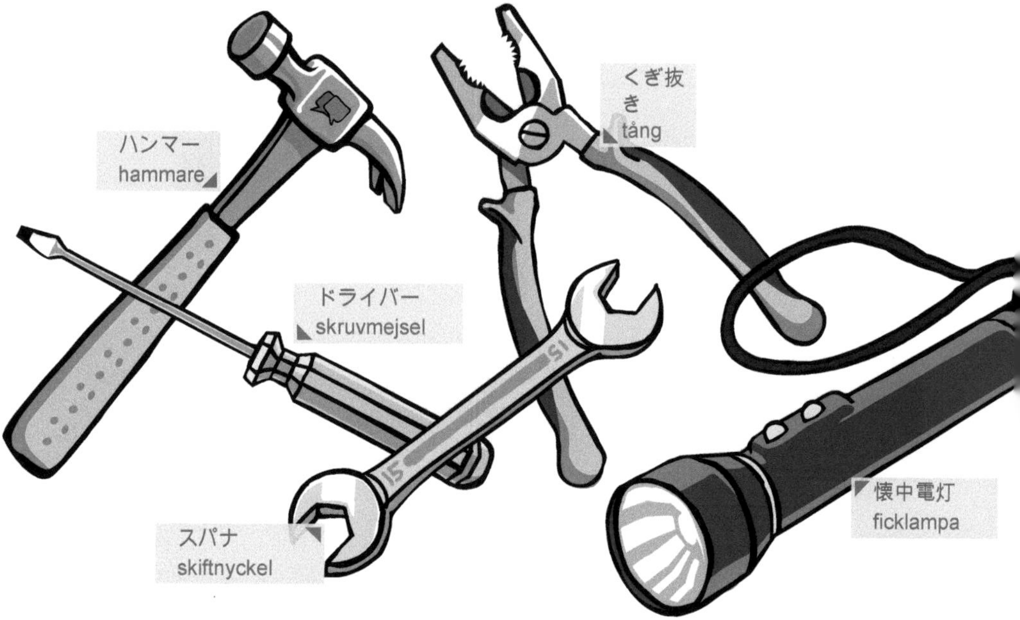

ハンマー
hammare

くぎ抜き
tång

ドライバー
skruvmejsel

スパナ
skiftnyckel

懐中電灯
ficklampa

掘削機
grävmaskin

道具箱
verktygslåda

はしご
stege

のこぎり
såg

釘
spik

ドリル
borr

修理する

reparera

シャベル

spade

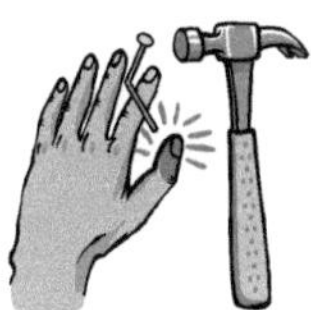

クソ！

Helvete!

ちりとり

sopskyffel

ペンキ缶

färgburk

ネジ

skruvar

楽器

musikinstrument

スピーカー
högtalare

打楽器
trummor

ギター
gitarr

コントラバス
kontrabas

トランペット
trumpet

ピアノ

piano

バイオリン

violin

バス

bas

ティンパニ

timpani

ドラム

trumma

キーボード

keyboard

サックス

saxofon

フルート

flöjt

マイクロフォン

mikrofon

動物園

ZOO

虎
tiger

入口
ingång

おり
bur

シマウマ
zebra

飼料
djurfoder

パンダ
panda

動物
djur

象
elefant

カンガルー
känguru

サイ
noshörning

ゴリラ
gorilla

熊
björn

ラクダ

kamel

ダチョウ

struts

ライオン

lejon

猿

apa

フラミンゴ

flamingo

オウム

papegoja

白クマ

isbjörn

ペンギン

pingvin

サメ

haj

クジャク

påfågel

蛇

orm

ワニ

krokodil

飼育係

djurskötare

アザラシ

säl

ジャガー

jaguar

ポニー

ponny

ヒョウ

leopard

カバ

flodhäst

キリン

giraff

鷲

örn

雄豚

vildsvin

魚

fisk

亀

sköldpadda

セイウチ

valross

狐

räv

ガゼル

gazell

スポーツ

sport

アメフト
amerikansk fotboll
サイクリング
cykling
テニス
tennis
バスケットボール
basket
水泳
simning
アイスホッケー
ishockey
ボクシング
boxning
サッカー
fotboll
バドミントン
badminton
陸上競技
friidrott
ハンドボール
handboll
スキー
skidåkning
ポロ
polo

活動
aktiviteter

持っている

hagel

する

göra

ある

vara

立つ

stå

走る

springa

引く

dra

投げる

kasta

落ちる

falla

横たわっている

ligga

待つ

vänta

運ぶ

bära

座る

sitta

着る

klä på

眠る

sova

目が覚める

vakna

見る

se på

泣く

gråta

なでる

smeka

櫛ですく

kamma

話す

prata

理解する

förstå

質問する

fråga

聞く

höra

飲む

dricka

食べる

äta

片づける

städa

愛する

älska

料理する

laga mat

運転する

köra

飛ぶ

flyga

ヨットに乗る

segla

計算する

räkna

読む

läsa

学ぶ

lära sig

働く

arbeta

結婚する

gifta sig

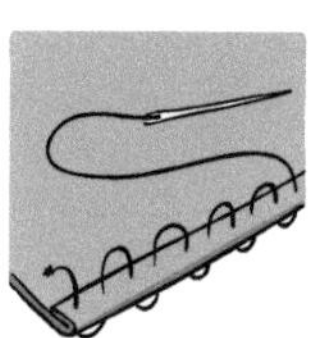

縫う

sy

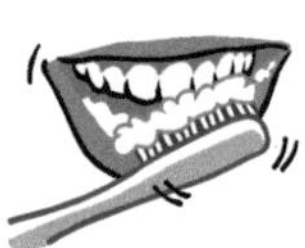

歯を磨く

borsta tänderna

殺す

döda

喫煙する

röka

送る

skicka

家族

familj

母
ormor/farmor

祖父
morfar/farfar

父
pappa

母
mamma

赤ん坊
baby

娘
dotter

息子
son

お客様

gäst

おば

moster/faster

おじ

farbror/morbror

兄弟

bror

姉妹

syster

体
kropp

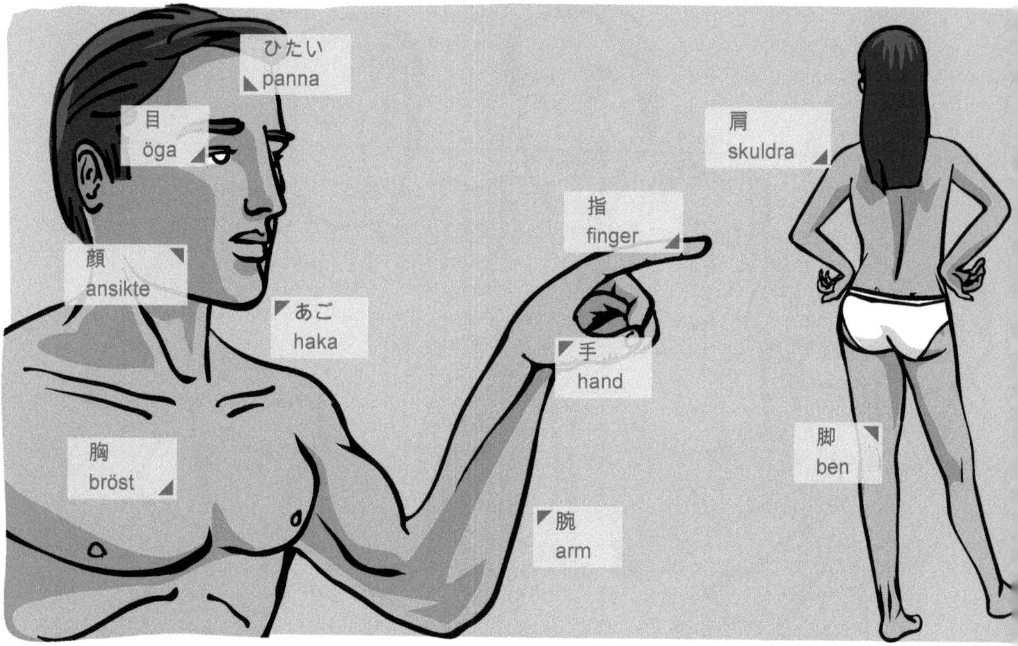

ひたい
panna

目
öga

肩
skuldra

指
finger

顔
ansikte

あご
haka

手
hand

脚
ben

胸
bröst

腕
arm

赤ん坊
baby

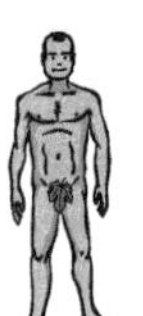
男性
man

女性
kvinna

少女
flicka

少年
pojke

頭
huvud

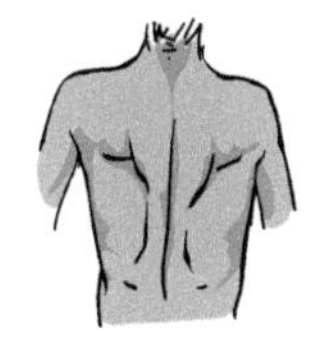

背中

rygg

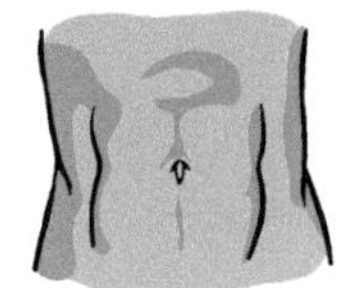

腹

mage

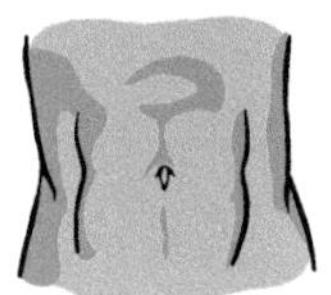

へそ

navel

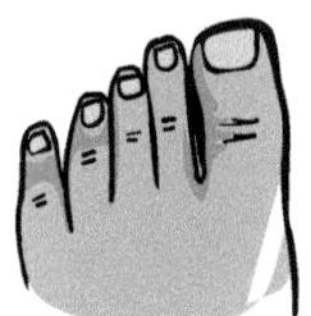

足指

tå

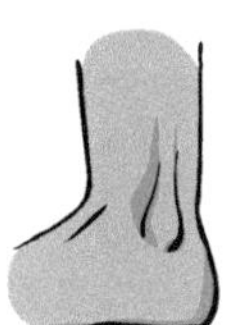

かかと

häl

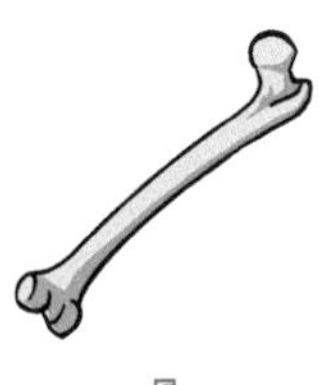

骨

ben

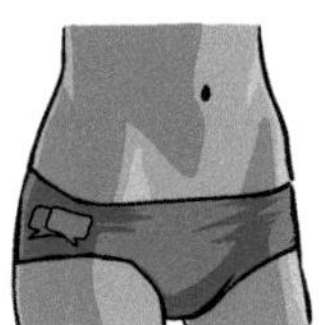

腰

höft

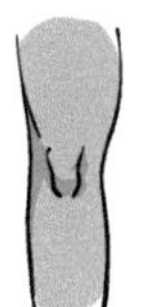

ひざ

knä

ひじ

armbåge

鼻

näsa

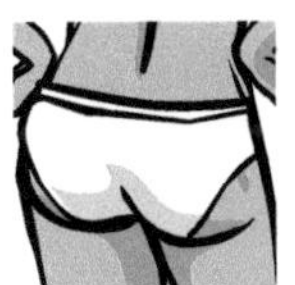

尻

stjärt

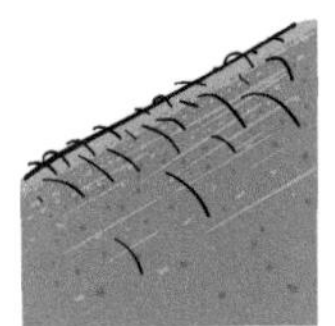

皮膚

hud

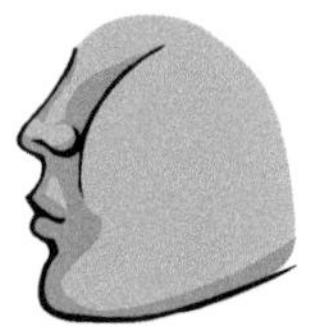

頬

kind

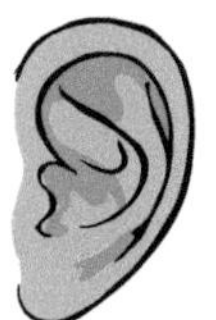

耳

öra

唇

läpp

口

mun

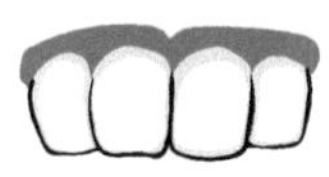

歯

tand

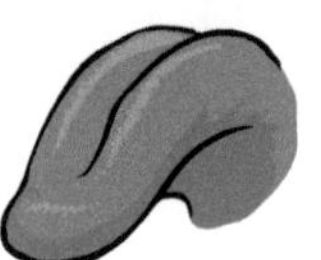

舌

tunga

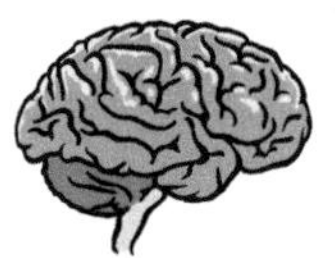

脳

hjärna

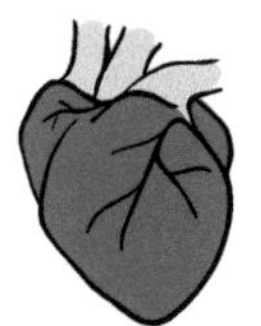

心臓

hjärta

筋肉

muskel

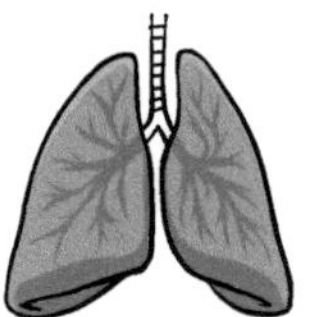

肺

lunga

肝臓

lever

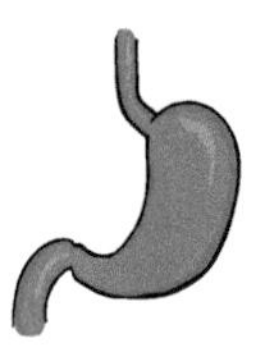

胃

magsäck

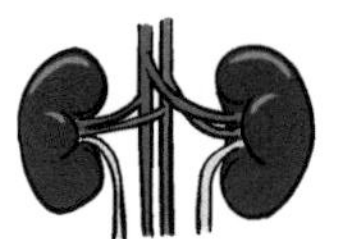

腎臓

njurar

セックス

sex

コンドーム

kondom

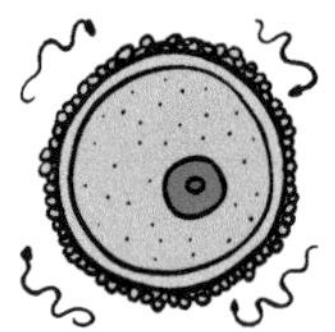

卵細胞

äggcell

精液

sperma

妊娠

graviditet

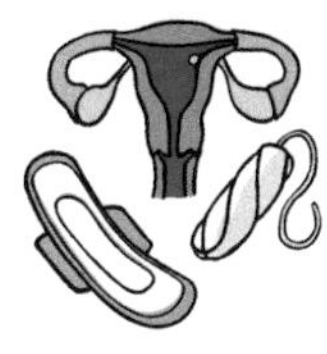

月経

menstruation

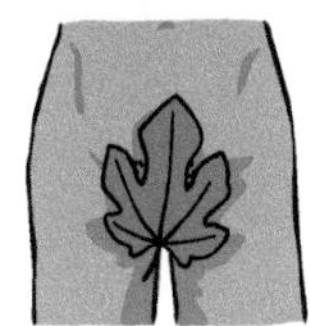

膣

vagina

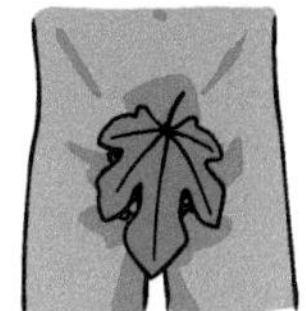

ペニス

penis

眉

ögonbryn

髪

hår

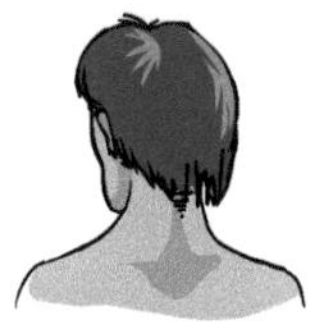

首

nacke

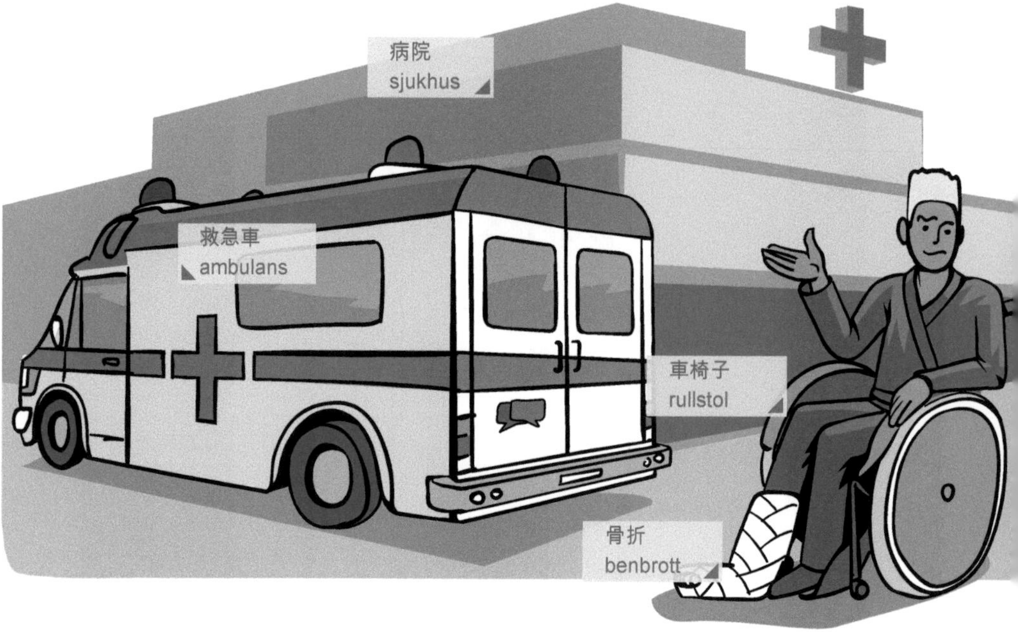

病院

sjukhus

病院
sjukhus

救急車
ambulans

車椅子
rullstol

骨折
benbrott

医師

läkare

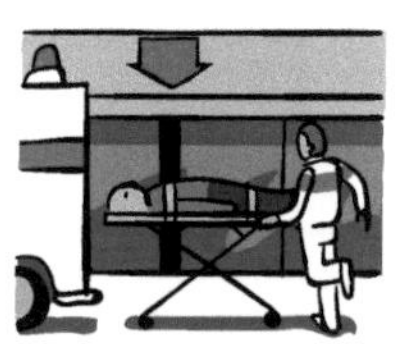

救急治療室

akutmottagning

看護師

sjuksköterska

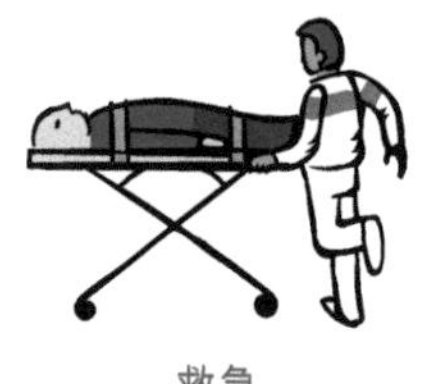

救急

nödsituation

失神

medvetslös

痛み

smärta

けが

skada

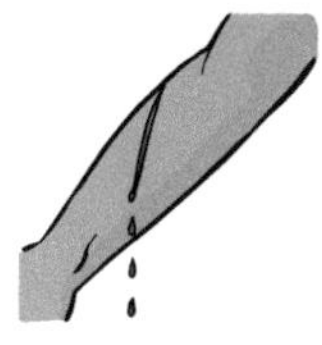

出血

blödning

心臓発作

hjärtattack

脳卒中

slaganfall

アレルギー

allergi

咳

hosta

熱

feber

インフルエンザ

influensa

下痢

diarré

頭痛

huvudvärk

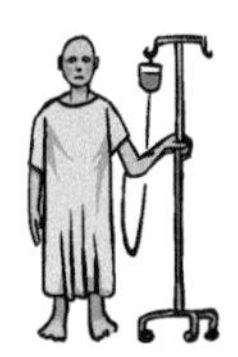

癌

cancer

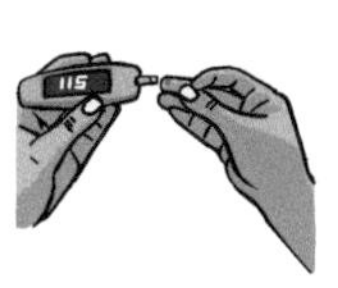

糖尿病

diabetes

外科医

kirurg

外科用メス

skalpell

手術

operation

CT

CT

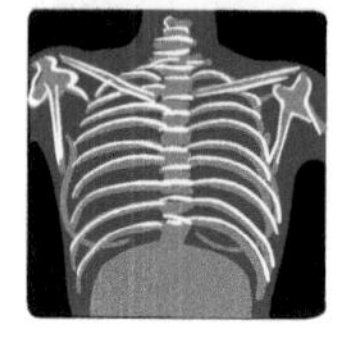

レントゲン

röntgen

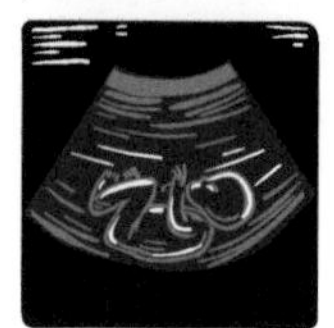

超音波

ultraljud

マスク

ansiktsmask

病気

sjukdom

待合室

väntsal

松葉づえ

krycka

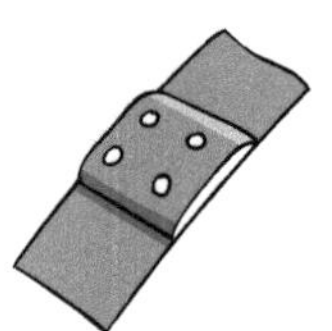

ばんそうこう

plåster

包帯

bandage

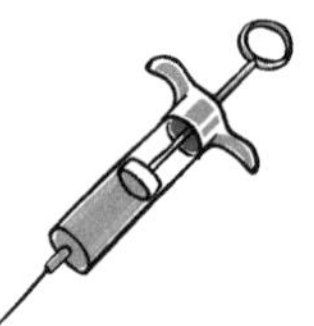

注射

injoktion

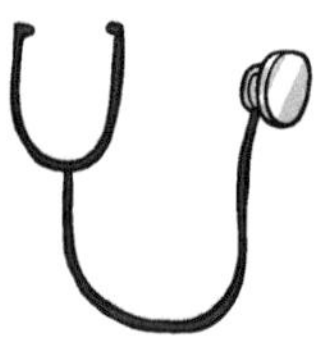

聴診器

stetoskop

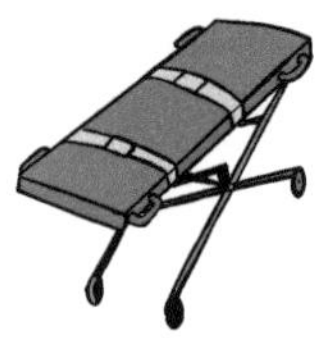

担架

bår

体温計

termometer

出産

födsel

肥満

övervikt

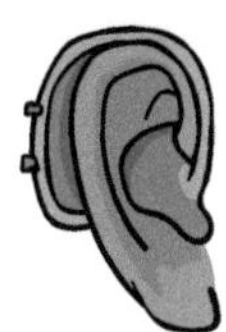

補聴器

hörapparat

消毒剤

desinfektionsmedel

感染

infektion

ウイルス

virus

HIV / エイズ

HIV / AIDS

内服薬

medicin

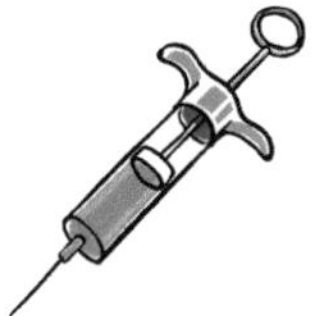

予防接種

vaccination

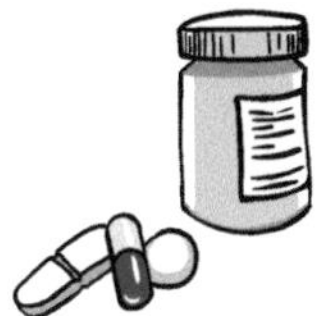

錠剤

tabletter

ピル

p-piller

緊急電話

nödsamtal

血圧計

blodtrycksmätare

病気の / 健康な

sjuk / frisk

nödsituation

助けて！

Hjälp!

アラーム

alarm

暴行

överfall

攻撃

misshandel

危険

fara

非常口

nödutgång

火事だ！

Det brinner!

消火器

brandsläckare

事故

olycka

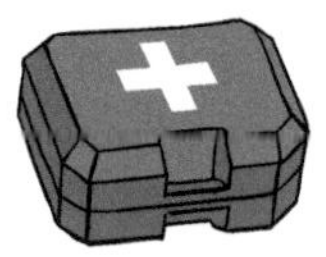

救急箱

förbandslåda

SOS

SOS

警察

polis

地球

Jorden

ヨーロッパ

Europa

北米

Nordamerika

南米

Sydamerika

アフリカ

Afrika

アジア

Asien

オーストラリア

Australien

大西洋

Atlanten

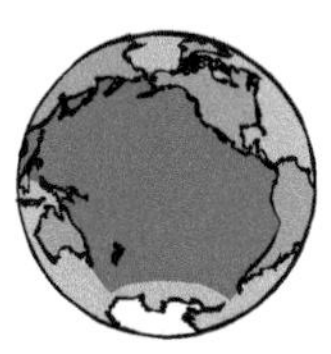

太平洋

Stilla Havet

インド洋

Indiska Oceanen

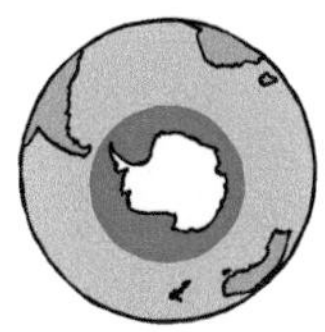

南極海

Antarktiska Oceanen

北極海

Arktiska Oceanen

北極

Nordpol

南極

Sydpol

南極大陸

Antarktis

地球

Jorden

陸

land

海

hav

島

ö

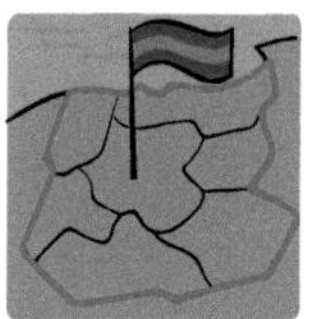

国家

nation

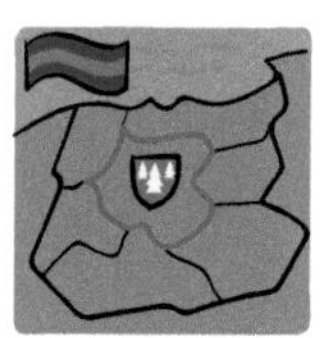

国家

stat

文字盤

urtavla

短針

timvisare

長針

minutvisare

秒針

sekundvisare

何時ですか？

Vad är klockan?

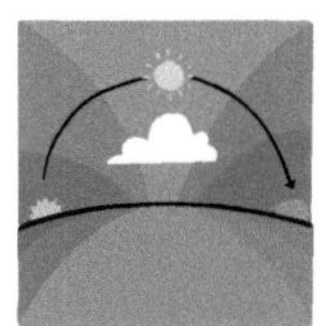

日

dag

時間

tid

現在

nu

デジタル時計

digital klocka

分

minut

時間

timme

週

vecka

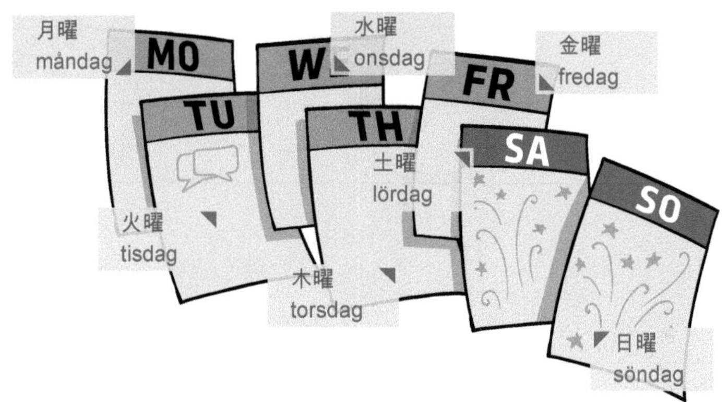

昨日

igår

今日

idag

明日

imorgon

朝

morgon

昼

middag

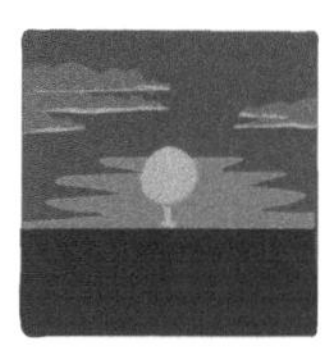

夜

kväll

MO	TU	WE	TH	FR	SA	SU
1	2	3	4	5	6	7
8	9	10	11	12	13	14
15	16	17	18	19	20	21
22	23	24	25	26	27	28
29	30	31	1	2	3	4

営業日

vardagar

MO	TU	WE	TH	FR	SA	SU
1	2	3	4	5	6	7
8	9	10	11	12	13	14
15	16	17	18	19	20	21
22	23	24	25	26	27	28
29	30	31	1	2	3	4

週末

helg

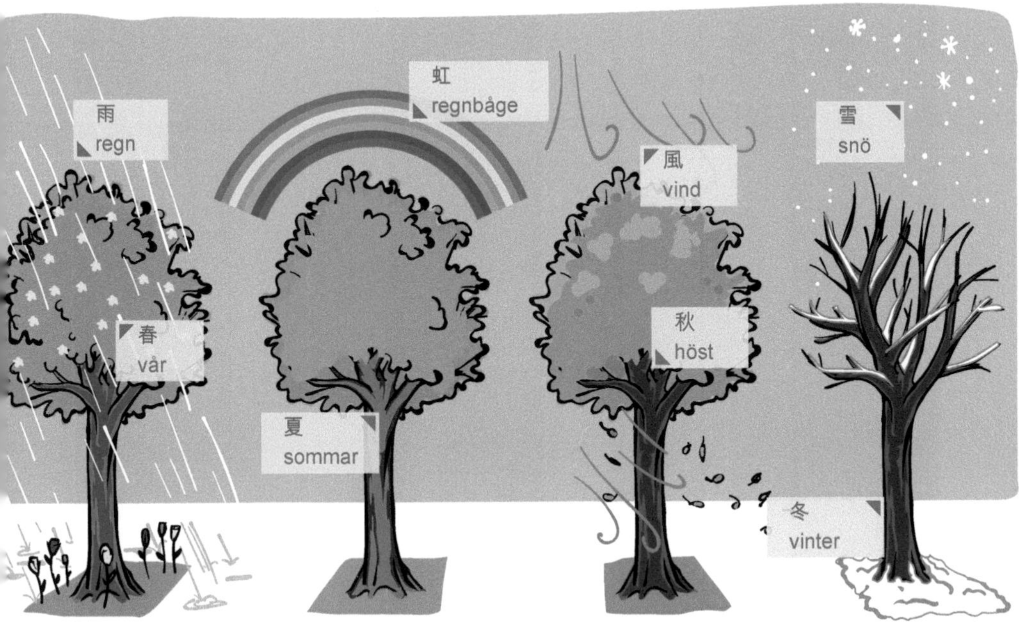

年

år

雨
regn

虹
regnbåge

風
vind

雪
snö

春
vår

夏
sommar

秋
höst

冬
vinter

天気予報

väderprognos

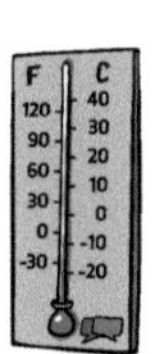

温度計

termometer

日差し

solsken

雲

moln

霧

dimma

湿度

luftfuktighet

雷

blixt

雷

åska

嵐

storm

ひょう

hagel

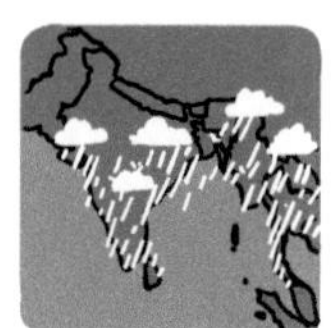

季節風

monsun

洪水

översvämning

氷

is

1月

januari

2月

februari

3月

marc

4月

april

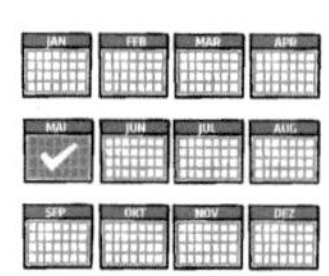

5月

maj

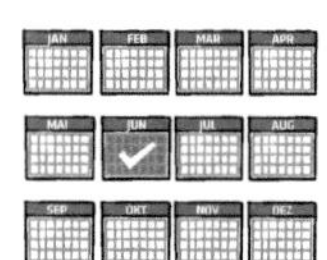

6月

juni

7月

juli

8月

augusti

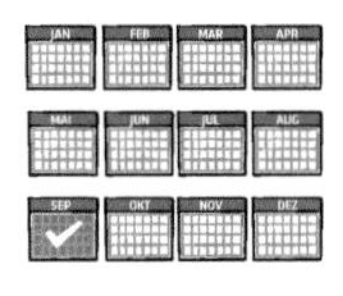

9月

september

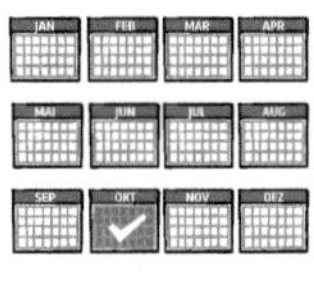

10月

oktober

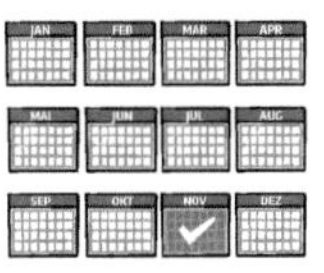

11月

november

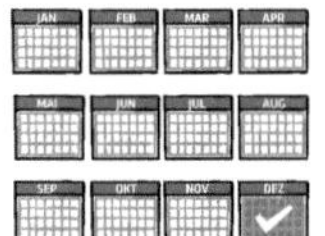

12月

december

former

円

cirkel

正方形

kvadrat

長方形

rektangel

三角

triangel

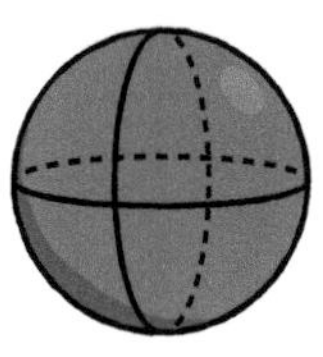

球

sfär

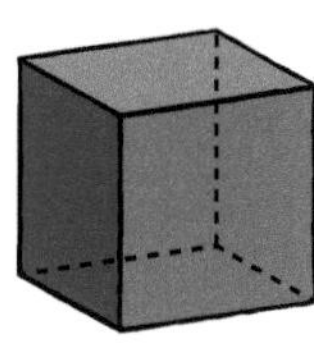

立方体

kub

色

färger

白

vit

黄

gul

オレンジ

orange

ピンク

rosa

赤

röd

紫

lila

青

blå

緑

grön

茶

brun

灰色

grå

黒

svart

反対

motsatser

多い / 少ない

mycket / lite

怒っている / 落ち着いている

arg / lugn

美しい / 醜い

vacker / ful

初め / 終わり

början / slut

大きい / 小さい

stor / liten

明るい / 暗い

ljus / mörk

兄弟 / 姉妹

bror / syster

清潔な / 汚い

ren / smutsig

完全な / 不完全な

komplett / ofullständig

日中 / 夜

dag / natt

死んだ / 生きている

död / levande

幅広い / 狭い

bred / smal

食べられる / 食べられない
ätlig / oätlig

悪意のある / 親切な
ond / god

興奮している / 退屈じている
upphetsad / uttråkad

太った / 痩せた
tjock / smal

最初に / 最後に
först / sist

友人 / 敵
vän / fiende

いっぱいの / 空の
full / tom

硬い / 柔らかい
hård / mjuk

重い / 軽い
tung / lätt

空腹 / 喉の渇き
hunger / törst

病気の / 健康な
sjuk / frisk

違法な / 合法な
olaglig / laglig

賢い / 愚かな
intelligent / dum

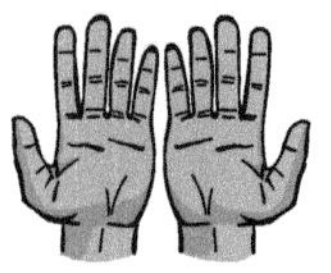

左に / 右に
vänster / höger

近い / 遠い
nära / långt bort

新しい　/　中古の

ny / begagnad

何もない　/　何かある

inget / något

老いた　/　若い

gammal / ung

オン　/　オフ

på / av

開いている　/
閉まっている

öppen / stängd

静かな　/　うるさい

tyst / högljudd

裕福な　/　貧乏な

rik / fattig

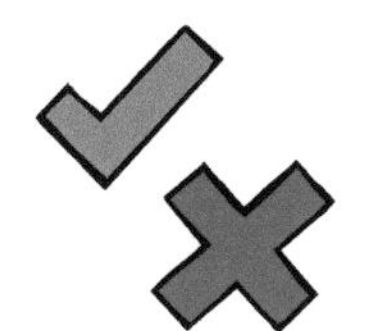

正しい　/間違っている

rätt / fel

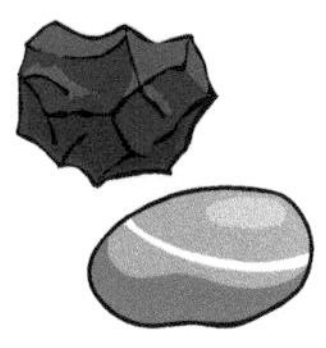

粗い / なめらか

grov / slät

悲しい　/　幸せな

ledsen / glad

短い　/　長い

kort / lång

ゆっくり　/　速い

långsam / snabb

濡れた　/　乾いた

våt / torr

温かい　/　冷たい

varm / sval

戦争　/　平和

krig / fred

数

siffror

0	1	2
ゼロ	1	2
noll	ett	två
3	4	5
3	4	5
tre	fyra	fem
6	7	8
6	7	8
sex	sju	åtta
9	10	11
9	10	11
nio	tio	elva

12

12

tolv

13

13

tretton

14

14

fjorton

15

15

femton

16

16

sexton

17

17

sjutton

18

18

arton

19

19

nitton

20

20

tjugo

100

100

hundra

1.000

1000

tusen

1.000.000

100万

miljon

言語

språk

英語

engelska

アメリカ英語

amerikansk engelska

中国標準語

kinesisk mandarin

ヒンディー語

hindi

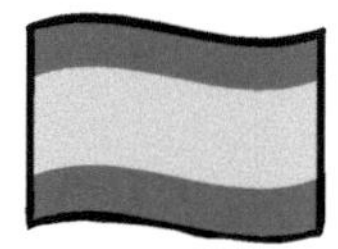

スペイン語

spanska

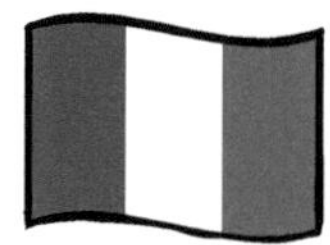

フランス語

franska

アラビア語

arabiska

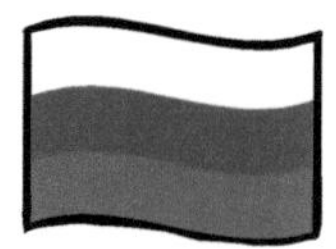

ロシア語

ryska

ポルトガル語

portugisiska

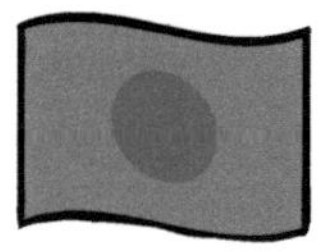

ベンガル語

bengali

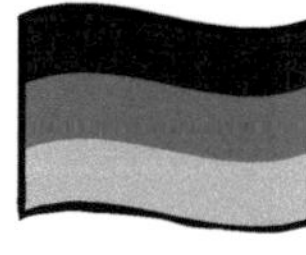

ドイツ語

tyska

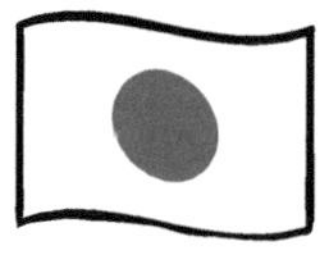

日本語

japanska

誰 / 何 / どう
vem / vad / hur

私

jag

あなた

du

彼 / 彼女 / それ

han / hon / den (det)

私たち

vi

あなたたち

ni

彼ら

de

誰？

vem?

何？

vad?

どうやって？

hur?

どこ？

var?

いつ？

när?

名前

namn

どこ

var

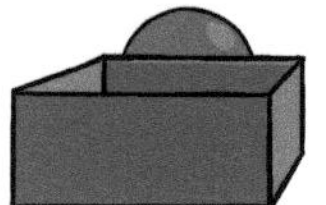

後ろ

bakom

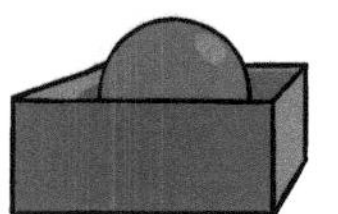

中

i

前

framför

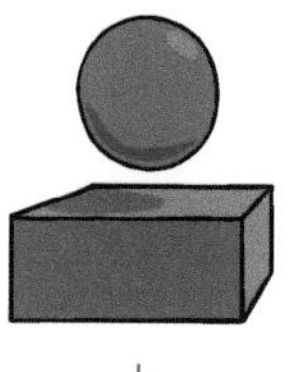

上

över

上

på

下

under

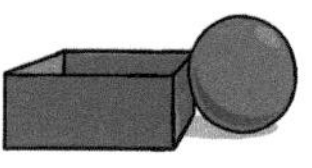

横

bredvid

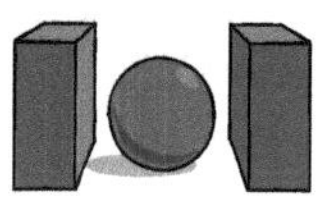

間

mellan

場所

plats